Anne Herzfeld

Baby Shower - Wie schmeiße ich eine Baby-Party?

Anne Herzfeld

Baby Shower
Wie schmeiße ich eine Baby-Party?

Unvergessliche Momente für die werdende Mama:
Tipps und Tricks für die perfekte Baby-Party

Anne Herzfeld:

Baby Shower – Wie schmeiße ich eine Baby-Party?

Alle Rechte vorbehalten.

Copyright © by Anne Herzfeld, 2024

ISBN 978-2-2439-3595-0

Success Press sar

Creafe Publishing
CREATIVITY ¦ FUN ¦ EXPERTISE

Inhaltsverzeichnis

Inhaltsverzeichnis 5

Einführung: Vorhang auf für die zauberhafte Welt der Baby-Partys! 9

Kurze Geschichte der Baby Showers 11

Einführung 13

TEIL 1: PLANUNG DER PARTY 17

    Wer schmeißt die Party? 17

    Wann sollte die Party stattfinden? 21

    Die werdende Mutter 22

    Die Gäste 23

        BONUS: Checkliste „Gäste" 24

    Die Geschenke 27

    Baby-Partys nach der Geburt 30

    Versenden von Einladungen 31

    Geschenkeliste oder keine Geschenkeliste? 43

TEIL 2: DIE PARTY DURCHFÜHREN 47

    Dinge zu tun: Themen 48

        Thema: Eine Teeparty 50

        Thema: Berühmtheit 52

        Thema: Literarisches Baby 53

Dinge zu tun: Spiele 54

Essen 61

TEIL 3: GEHEIMTIPPS 65

Dinge zu tun: Planung 66

Dinge zu tun: Dekorieren 69

    BONUS: Checkliste Dekoration 70

Dinge zu tun: Verpflegung 77

    BONUS: 20 Ideen für die Verpflegung 81

Dinge zu tun: Ein Zeitlimit setzen 84

Dinge, die man NIEMALS tun sollte: Bitten Sie niemanden, im Stehen zu essen 87

Partys für Paare? 91

    BONUS: Checkliste "Wenn Sie Männer einladen" 94

Schlussworte 97

Anne Herzfeld 101

Baby Shower

Einführung: Vorhang auf für die zauberhafte Welt der Baby-Partys!

Herzlich willkommen zu einem aufregenden Abenteuer voller Vorfreude, süßer Geheimnisse und unvergesslicher Momente – willkommen zu "Baby Shower - Wie schmeisse ich eine Baby-Party?". In den kommenden Seiten entführt dieses Buch Sie in die kunterbunte Welt der Feierlichkeiten, die der Ankunft eines kleinen Wunders gewidmet sind.

Die Idee einer Baby-Party, im englischen Sprachraum als "Baby Shower" bekannt, ist mehr als nur eine Trenderscheinung. Sie ist eine herzerwärmende Tradition, die werdenden Eltern dabei hilft, sich auf die bevorstehende Ankunft ihres kleinen Schatzes vorzubereiten. Diese Feierlichkeiten sind nicht nur Gelegenheiten für Geschenke, sondern auch für Liebe, Unterstützung und Gemeinschaft.

In diesem Buch werden wir uns gemeinsam auf eine Reise begeben, die Ihnen zeigt, wie Sie nicht nur eine Baby-Party organisieren, sondern ein unvergessliches Erlebnis schaffen. Egal, ob Sie selbst eine werdende Mutter, eine beste Freundin, eine Schwester oder eine Eventplanerin sind, hier finden Sie Inspirationen, Ratschläge und praktische Tipps, um eine unvergleichliche Baby-Party auf die Beine zu stellen.

Baby Showers gewinnen nämlich auch im deutschsprachigen Raum immer mehr an Beliebtheit.

Viel Spass,
Anne

Kurze Geschichte der Baby Showers

Der über mehrere Länder verteilte, bemerkenswerte Brauch der Baby Showers oder eben Baby Parties stammt ursprünglich aus Amerika und hat sich auf den deutschsprachigen Raum ausgeweitet. Es ist ein Phänomen des kulturellen Übertragens oder Übernehmens – je nach Sichtweise – wie wir es ja zum Beispiel auch mit Halloween sehen.

Das Feiern bevorstehender Geburten ist in den USA ein altehrwürdiger Brauch. Ab Ende der 40er und Anfang der 50er Jahre waren intime Zusammenkünfte für werdende Mütter mit kleinen Geschenken an der Tagesordnung. Im Laufe der Jahre entwickelten sich daraus immer umfangreichere und kompliziertere Angelegenheiten, die vor Spaß und Vergnügungen nur so strotzten. Erst in den 80er und 90er Jahren erlangten Babypartys zunehmende Berühmtheit, wurden zur Norm und entwickelten sich oft zu lebhaften, energiegeladenen Festen mit allen möglichen Aktivitäten, Dekorationen und Spannung.

Für die werdende Mutter ist eine Babyparty ein dringend benötigter Ausdruck von Liebe und Geschenken. Früher waren Babypartys ausschließlich Frauen vorbehalten, heutzutage sind sie jedoch oft ein gemischtes Treffen.

In den letzten Jahrzehnten sind Babypartys zu einer weltweiten Tradition geworden. Heutzutage beginnen auch Länder, in denen Deutsch gesprochen wird, wie Österreich, Deutschland und die Schweiz, sie zu übernehmen. Was treibt diese neue Popularität an? Nun, die Medien haben eine wichtige Rolle gespielt; Filme, Fernsehsendungen und soziale Medien haben alle dazu beigetragen, diese festlichen Ereignisse bekannt zu machen.

Im deutschsprachigen Raum folgen Babypartys oft der amerikanischen Art, Dinge zu tun, wie z. B. Dekorationen und Geschenke für die werdende Mutter sowie Spiele. Dennoch gibt es Unterschiede je nach Region und individuelle Abweichungen je nach den örtlichen Gegebenheiten und Wünschen.

Traditionen wie Babypartys verdeutlichen die globale Vernetzung und den kulturellen Austausch, die die heutige Welt charakterisieren.

Einführung

Wie schön! Ihre beste Freundin auf der ganzen Welt hat gerade bekannt gegeben, dass sie schwanger ist. Natürlich sind Sie mit ihr überglücklich und können Ihre Freudentränen nicht zurückhalten. Es ist kaum vorstellbar, dass Ihre besondere Freundin in wenigen Monaten, Wochen oder Tagen Mutter wird (vielleicht sogar zum zweiten oder dritten Mal... oder öfter!).

Während Sie die unglaubliche Nachricht verarbeiten, stellt sich Ihre Freundin die Erlebnisse vor, die ein neues Leben in die Welt bringen wird: die Besuche beim Gynäkologen, die morgendliche Übelkeit, die Ultraschalluntersuchungen, die Achterbahn der Gefühle, die schließlich in einem unbeschreiblichen Erlebnis gipfeln wird.

Trotz der Häufigkeit der Geburten - Zehntausende pro Tag, überall auf der Welt - sind sie nichts weniger als ein Wunder. Es ist daher nicht schwer, sich vorzustellen, dass Ihre Freundin über Themen nachdenkt, die wirklich schwer in Worte zu fassen sind.

Ihre Welt ist jedoch eher pragmatisch. Sie denken an die Babyparty; oder besser gesagt, Sie denken, dass Sie vielleicht nicht *genug* über die Planung und Durchführung einer Babyparty wissen. Und das beunruhigt Sie.

Nun, **keine Sorge mehr!** In Ihren Händen (oder auf Ihrem Bildschirm) liegt „Baby Shower - Wie schmeiße ich eine Baby-Party?". Auf den folgenden Seiten erfahren Sie alles, was Sie wissen müssen, um eine *perfekte* Babyparty zu veranstalten.

Sie erfahren alles über:

➢ Planung einer Babyparty von Grund auf

➢ Eine Babyparty von Anfang bis Ende organisieren

➢ Andere Tipps, Strategien und Vorschläge

Machen Sie sich keine Sorgen, wenn Sie noch nie eine Babyparty organisiert haben. Und machen Sie sich noch *weniger* Sorgen, wenn Sie in der Vergangenheit versucht haben, eine Babyparty zu organisieren, aber auf dem Weg dorthin auf einige Hindernisse gestoßen sind. Dieses Buch ist so konzipiert, dass es einfach, praktisch und unterhaltsam ist. Wenn Sie nicht aufpassen, werden Sie vielleicht sogar zur *Spezialistin für* Babypartys und die Leute rufen Sie an und bitten Sie um Ihren Rat und Ihre Hilfe.

Wäre *das nicht lustig?*

Während Sie sich durch dieses Buch arbeiten, sollten Sie bedenken, dass die Vorschläge in diesem Buch dazu gedacht sind, angewandt zu werden - und sie funktionieren auch -, aber jede Babyparty hat immer ein einzigartiges Element.

Anstatt also eine Babyparty so zusammenzustellen, wie man ein Rezept zusammenstellt - indem man die Zutaten genauso hinzufügt, wie sie aufgelistet sind, und am Ende ein vorhersehbar schmackhaftes Gericht erhält – rate ich Ihnen sanft und freundlich, Ihr Babyparty-Projekt etwas anders anzugehen. Nutzen Sie die hier gegebenen Ratschläge als Leitfaden, um einen magischen Tag für die werdende Mutter und die Menschen, die an der Babyparty teilnehmen, zu schaffen.

Einige der Ideen, die Sie hier finden, können Sie in die Tat umsetzen; andere passen vielleicht nicht zu dem, was Sie vorhaben oder was möglich ist (wie z. B. einige der Babyparty-Spiele, über die wir sprechen). Machen Sie sich keine Sorgen, wenn Sie nur etwas von dem, was Sie hier lesen, anwenden können.

Benutzen Sie Ihren gesunden Menschenverstand und denken Sie daran: Babypartys sollen *Spaß machen* und ein *besonderes*

Ereignis sein. Sie sollen nicht stressig sein, und die letzte Person, die sich überfordert fühlen sollte, sind Sie.

Jetzt, da Sie dieses Buch haben, könnte die Organisation einer ausgezeichneten und unvergesslichen Babyparty das Einfachste sein, was Sie das ganze Jahr über tun (aber natürlich müssen Sie den Leuten nicht *sagen, dass* es so einfach war).

TEIL 1: PLANUNG DER PARTY

Wer schmeißt die Party?

Es gibt eine anhaltende Debatte - die sehr emotional und lautstark geführt werden kann - bei der es darum geht, ob ein Verwandter die Babyparty ausrichten sollte oder nicht. Traditionell wird die Ansicht vertreten, dass ein Verwandter *keine* Babyparty ausrichten sollte, weil es den Anschein haben kann, dass der Verwandte um Geschenke bittet. Doch Traditionen ändern sich, und es gibt Zeiten, in denen ein Bruder oder eine Schwester, eine Cousine oder eine Tante die ideale und einigermaßen bequeme Wahl sein könnte.

Was solltest du nun also machen? Auf diese Frage können wir mit der besten und manchmal unbefriedigendsten Antwort von allen antworten: *Es kommt darauf an.*
Tut mir leid, aber es *kommt* wirklich darauf an. Wenn Sie aus einem eher traditionellen oder konventionellen Umfeld kommen, ist es vielleicht ratsam, dafür zu sorgen, dass ein Nicht-Verwandter für die Babyparty verantwortlich ist. Und selbst wenn Sie persönlich als werdende Mutter damit einverstanden sind, dass eine Verwandte die Babyparty ausrichtet, könnten einige Ihrer Gäste - denen das vielleicht

weniger behagt als dir - dagegen sein (oder nur hinter Ihrem Rücken darüber tuscheln).

Nutzen Sie hier Ihr Urteilsvermögen. Der vielleicht praktischste Ratschlag ist folgender:

Wenn Sie die Dinge bequem und angenehm NICHT von einem Verwandten leiten lassen können, dann ist das wahrscheinlich der beste Weg, den Sie gehen können.

Wenn das jedoch nicht möglich, sinnvoll oder wünschenswert ist, dann fühlen Sie sich nicht komisch, nur weil Sie mit der werdenden Mutter verwandt Sind. Immer mehr Menschen brechen mit der Tradition, zumal sie das Gefühl haben, dass die Vorstellung, dass ein Verwandter *"um Geschenke bittet"*, wohl nicht mehr existiert.

Geschenke (über die wir weiter unten in diesem Buch sprechen) sind ein fester Bestandteil von Babypartys; es ist schwer, sich eine Party *ohne* Geschenke vorzustellen. Ob nun ein Verwandter die Teilnehmer der Babyparty um Geschenke bittet oder ein Nicht-Verwandter, ist für die Teilnehmer der Babyparty wahrscheinlich nicht wichtig. Sie konzentrieren sich wahrscheinlich auf das, worum es bei der Babyparty gehen *sollte*: die werdende Mutter und eine wunderbare Gelegenheit, ihre Freude zu teilen.

Nun, es gibt da etwas Amüsantes (zumindest aus unserer derzeitigen, distanzierten Perspektive), das Sie wissen sollten. Manche Leute *wollen* die Babyparty vielleicht nicht organisieren. Es wird davon ausgegangen, dass du, wenn Sie dies lesen, mit der Aufgabe zufrieden sind und gerne ein paar gute Ideen haben und recherchieren, damit alles reibungslos abläuft.

Doch wenn Sie nicht diejenige sind, die die Babyparty veranstaltet, sondern vielleicht die werdende Mutter, die dieses Buch an einen Verwandten oder eine Freundin übergeben wird, die die Party ausrichtet, dann sollten wir uns eine kleine Auszeit nehmen, um über etwas Wichtiges zu sprechen.

Eine Babyparty ist ein wunderbares Ereignis, das mit Lachen, Liebe und vielleicht ein paar Tränen (vor Glück) gefüllt ist. Doch die Organisation einer solchen Veranstaltung kann eine gewisse Zeit in Anspruch nehmen. – Nicht *viel* Zeit; nicht im Vergleich zu, sagen wir, der Planung einer Hochzeit oder für einige Leute, der Planung eines Urlaubs.

Dennoch ist es nur fair, darauf hinzuweisen, dass die Organisation einer Babyparty *eine* gewisse Konzentration und Zeit erfordert. Wenn Sie jemanden für diese Aufgabe vorschlagen, dann bedenken Sie das bitte. Diese Person sollte sich darüber im Klaren sein, dass sie ein wenig Arbeit leisten muss (aber es ist natürlich eine Arbeit, *die Spaß macht*).

Und wenn Sie als Leserin gebeten wurden, eine Babyparty zu organisieren - oder wenn man einfach davon ausgegangen ist, dass Sie es tun werden - und Sie sich ein wenig Sorgen machen, weil Sie selbst nicht genügend Zeit haben, dann machen Sie sich *keine Sorgen*. Dieses Buch wird Ihnen ungemein helfen. Es spricht auch *nichts dagegen*, einen oder zwei Stellvertreter einzustellen, die Ihnen bei den Details helfen, z. B. bei der Zubereitung des Essens und der Erfrischungen sowie bei der Dekoration und den Spielen.

Wann sollte die Party stattfinden?

Dies ist eine wichtige Frage, die es zu stellen und natürlich auch zu beantworten gilt. Und wie üblich gibt es verschiedene Ansichten darüber, wann die Babyparty stattfinden soll. Glücklicherweise sind diese Ansichten jedoch nicht so *strittig*, wie es manchmal der Fall ist, wenn es darum geht, ob ein Verwandter oder ein Nicht-Verwandter die Babyparty ausrichten sollte (wie wir oben besprochen haben). Machen Sie sich also keine Sorgen, denn diese Aufgabe ist recht einfach und unkompliziert zu lösen.

Das eigentliche Problem besteht darin, dass es *keine* eindeutige Antwort auf die Frage gibt: *Wann soll die Party stattfinden?* Die Antwort auf diese Frage hängt fast immer von Faktoren ab, die von der werdenden Mutter, den Gästen und anderen Aspekten abhängen.

Anstatt hier also eine pauschale Antwort zu geben - was wir *nicht* *können*, ohne die Details Ihrer speziellen Babyparty zu kennen -, sollten wir uns die Variablen ansehen. Sobald Sie diese kennen, können Sie leicht bestimmen, wann die Babyparty stattfinden soll.

Die werdende Mutter

Beginnen wir mit der werdenden Mutter. Sie hat vielleicht eine Vorliebe dafür, wann die Babyparty stattfinden soll, und diese Vorliebe sollte beherzigt werden. Auch der werdende Vater kann hier einen Beitrag leisten, was wunderbar ist und Teil des gesamten Entscheidungsprozesses sein sollte (wir werden später in diesem Buch einen genaueren Blick auf "Paar-Baby-Shows" werfen).

Welche Faktoren könnten die Entscheidung der werdenden Mutter beeinflussen, wann die Babyparty stattfinden soll? Manche ziehen es vor, die Babyparty zu veranstalten, wenn sie *sich zeigen*. Sie haben vielleicht das Gefühl, dass es *angemessener ist* (in Ermangelung eines besseren Wortes), eine Babyparty zu veranstalten, wenn die Leute tatsächlich sehen können, dass ein Baby unterwegs ist.

In der Praxis bedeutet dies, dass eine Party bis weit ins zweite oder dritte Trimester hinein stattfinden kann.

Die Gäste

Wie wir alle wissen, ist der Dezember die Jahreszeit der Partys und Veranstaltungen, sowohl geschäftlich als auch privat. Daher wäre es vielleicht höflich, die Babyparty *nicht* während der "Party-Saison" zu veranstalten, da dies einen Einfluss darauf haben könnte, ob die Leute teilnehmen können (oder ob sie *sich entspannen* können, wenn sie teilnehmen, weil sie nach der Babyparty nicht noch zu drei weiteren "*Treffen*" gehen müssen!)

Wenn Sie in einem winterlichen Klima leben, kann es außerdem eine gute Idee sein, die Babyparty *nicht* mitten im Winter abzuhalten. Zwar geht das Leben auch mitten im Januar weiter, und die Menschen gehen zur Arbeit und tun viele Dinge, die sie tun möchten (einkaufen, ins Restaurant gehen usw.), aber wenn es für Sie und die werdende Mutter (und/oder den werdenden Vater) absolut keinen Unterschied macht, ob die Babyparty Ende Januar oder Ende April stattfindet, dann kann es ratsam sein, sich für Letzteres zu entscheiden; einfach aus klimatischen Gründen.

BONUS: Checkliste „Gäste"

1. **Gästeliste erstellen:**

   - Erstellen Sie eine Liste der potenziellen Gäste, die zur Baby Shower eingeladen werden sollen.

2. **Einladungen verschicken:**

   - Sende die Einladungen rechtzeitig aus, idealerweise 4-6 Wochen vor dem geplanten Termin.

   - Stelle sicher, dass die Einladungen alle notwendigen Informationen enthalten, wie Datum, Uhrzeit, Ort und RSVP-Details.

3. **RSVP im Auge behalten:**

   - Überwachen Sie die Rückmeldungen der Gäste und aktualisieren Sie die Gästeliste entsprechend.

4. **Thema der Baby Shower kommunizieren:**

   - Teilen Sie den Gästen das Thema der Baby Shower mit, damit sie sich entsprechend kleiden oder Geschenke auswählen können.

5. **Besondere Anforderungen berücksichtigen:**

- Erkundigen Sie sich im Voraus nach eventuellen Allergien, diätetischen Einschränkungen oder besonderen Bedürfnissen der Gäste.

6. **Dankeskarten vorbereiten:**

   - Bereiten Sie im Voraus Dankeskarten vor, um sich bei den Gästen für ihre Teilnahme und eventuelle Geschenke zu bedanken.

7. **Sitzordnung planen (falls erforderlich):**

   - Falls Sie eine Sitzordnung planen, erstellen Sie eine entsprechende Liste und platzieren Sie die Gäste bedacht.

8. **Kinderbetreuung organisieren (falls erforderlich):**

   - Wenn Kinder eingeladen sind, planen Sie eine kinderfreundliche Umgebung oder sogar eine separate Kinderbetreuung.

9. **Gästebuch oder alternative Erinnerungen:**

   - Überlegen Sie, wie Sie Erinnerungen sammeln möchten, z. B. durch ein Gästebuch oder Fingerabdrücke auf einer Leinwand.

10. **Aktivitäten für die Gäste planen:**

- Bedenken Sie, wie Sie die Gäste unterhalten können, sei es durch Spiele, Aktivitäten oder ein Unterhaltungsprogramm.

Die Geschenke

Darüber denken die meisten Leute nicht nach, bis jemand es anspricht, und dann sagen sie sich: *Ohhhh, ja, das macht Sinn!* Zum Glück für Sie, bekommen Sie einen Vorgeschmack auf diesen Gedanken, lange bevor jemand auf der Babyparty danach fragt!

Wie wir alle wissen, bevorzugen manche Menschen geschlechtsspezifische Geschenke. Zwar haben sich die Zeiten geändert, und die Hersteller von Babyartikeln stellen immer mehr geschlechtsneutrale Artikel her, aber es gibt immer noch eine große Anzahl von Menschen, die einem werdenden Sohn babyblaue oder einer werdenden Tochter rosa Geschenke machen wollen.

Wenn die werdenden Eltern also beschlossen haben, das Geschlecht des Babys per Ultraschall zu bestimmen und diese Information mit der ganzen Welt zu teilen, dann kann es von den Gästen der Babyparty *sehr* geschätzt werden, wenn Sie die Party *abhalten, nachdem die* Information über das Geschlecht des Babys weit verbreitet wurde. Mit anderen Worten: Einige Leute werden dankbar sein, dass sie wissen, ob ein Junge oder ein Mädchen unterwegs ist, *bevor* sie ihr Geschenk kaufen.

Ultraschalluntersuchungen zur Geschlechtsdiagnose finden in der Regel um die 9. Schwangerschaftswoche herum statt (in manchen Fällen kann es aber auch später sein), so dass dieser Faktor einen Einfluss darauf haben kann, ob Sie die Babyparty schon früh veranstalten oder warten, bis diese Informationen bekannt sind (natürlich unter der Voraussetzung, dass die werdenden Eltern es wissen wollen!).

Baby-Partys nach der Geburt

Manche Leute sind überrascht, wenn sie erfahren, dass viele Babypartys *nach der* Geburt des Kindes stattfinden. Eigentlich ist das ganz normal, denn neben der eigentlichen Party bietet dieser Zeitpunkt den Gästen die wunderbare Gelegenheit, das Baby *zu sehen* (und alle möglichen Geräusche zu machen, die wir alle so gerne machen).

Auch andere Faktoren, wie das Klima und die Vorlieben der werdenden Eltern, können für eine Party nach der Geburt ausschlaggebend sein.

Sie sehen also es ist terminlich mehr oder weniger alles möglich, abhängig von Jahreszeit und Entwicklungsstand des Babys.

Versenden von Einladungen

Okay, an dieser Stelle kann es ein bisschen unangenehm werden. Streichen Sie das; hier *fürchten sich* einige Leute davor, für eine Babyparty verantwortlich zu sein, denn es geht um die Frage:

Wen soll man einladen?

Eine gute Faustregel ist hier, mit der werdenden Mutter (und idealerweise dem Vater) zusammenzuarbeiten, um zu entscheiden, wer teilnehmen soll und wer nicht auf der Liste stehen darf. Dies ist ein heikles Thema und kann eine Reihe kleinerer (und sogar größerer) Kopfschmerzen verursachen. Vielleicht kennen Sie das Problem auch von Hochzeiten …

Das Problem ist einfach, dass es zwar ideal wäre, alle einzuladen, die teilnehmen möchten, aber das ist einfach nicht praktikabel, weder aus wirtschaftlicher Sicht noch aus Gründen der Planung. Letztendlich müssen Entscheidungen getroffen werden, und wenn Sie mit den werdenden Eltern zusammenarbeiten können, um diese Entscheidungen zu treffen, steigen die Chancen, dass Sie kluge Entscheidungen treffen.

Sobald Sie herausgefunden haben, wen Sie einladen wollen - und dieser Prozess kann einige Tage des Nachdenkens und Überdenkens in Anspruch nehmen -, besteht der nächste Schritt darin, die Einladungen zu verschicken. Stellen Sie sicher, dass Sie dies *rechtzeitig* vor der Babyparty tun. Hierfür gibt es zwei wichtige Gründe.

Erstens sollten Sie den Eingeladenen genügend Vorlaufzeit geben, damit sie, falls sie am Tag der Babyparty bereits etwas geplant haben, diese Pläne verschieben können, um an der Veranstaltung teilnehmen zu können. Wenn Sie ihnen nicht genügend Vorlaufzeit einräumen, können sie ihre Pläne möglicherweise nicht ändern, selbst wenn sie das *möchten*.

Zweitens sollten Sie den Teilnehmern genügend Zeit geben, um ihre Teilnahme zu bestätigen (RSVP). Manche Menschen sind nicht *die am besten organisierten Menschen der Welt*, und deshalb antworten sie vielleicht nicht sofort. Daher sollten Sie ihnen etwas Zeit geben, um diese Aufgabe auf ihrer immer länger werdenden To-Do-Liste zu erledigen.

Es gibt noch einen weiteren Punkt, den wir diskutieren sollten.
Manche Leute denken oder gehen einfach davon aus, dass, wenn man *nicht* auf die Einladung antwortet, dies bedeutet, dass man nicht teilnimmt. Das ist eigentlich technisch nicht korrekt. RSVP bedeutet nicht (auch nicht in der

französischen Sprache, aus der es stammt), dass jemand teilnehmen wird. Es bedeutet einfach: *Bitte melde dich bei mir („Répondez s'il vous plaît")*.

Wo liegt also das Problem? Die Annahme, dass die Leute *nicht kommen*, wenn sie *nicht* auf die Einladung geantwortet haben, kann ein wenig fatal sein. Denn manche Leute kommen einfach, und wenn du sagst, dass du davon ausgegangen bist, dass sie nicht kommen, weil sie nicht auf die Einladung geantwortet haben, runzeln sie vielleicht die Stirn und sagen, worauf wir hier hinweisen: RSVP an sich bedeutet nicht *ja oder nein*. Es bedeutet nur: Bitte antworten Sie.

Natürlich *sollten* die Leute auf die Einladung antworten und Sie wissen lassen, ob sie teilnehmen werden. Das ist zweifelsohne höflich. Aber *Höflichkeit* liegt im *Auge des Betrachters*, und Menschen, die nicht mehrere Tage ihres Lebens in die Vorbereitung einer unvergesslichen Babyparty investiert haben, merken vielleicht gar nicht, wie *unhöflich* sie sind, wenn sie einfach unangemeldet auftauchen.

Wie also löst man dieses Problem? Wie bei allen guten Lösungen gilt auch hier: Sie vermeiden es, bevor es zu einem Problem *wird*! Sie möchten zwar, dass alle Eingeladenen auf die Einladung antworten, aber Sie sollten deutlich machen, dass Sie *unabhängig davon, ob sie kommen,* eine Antwort wünschen. Zu diesem Zweck sollten Sie, je nach Größe der

Gästeliste Ihrer Babyparty, jeder Einladung einen selbstadressierten und frankierten Rückumschlag und eine selbstgetippte Notiz beilegen, auf der in etwa Nachfolgendes steht (siehe nächste Seite).

Liebe Ruth,

Du bist herzlich eingeladen, an einer Babyparty für unsere Freundin Petra teilzunehmen!

Die Party findet am 15. April um 13:30 Uhr in meinem Haus (Hauptstrasse 23, 0000 Ortschaft) statt. Reichlich Parkplätze sind auf der Straße vorhanden. Wenn du eine Wegbeschreibung benötigst, rufe mich bitte auf mein Mobile Nr. XXXX an.

Wir würden gerne wissen, wie viele von Petras Freundinnen & Freunden teilnehmen können. Könntest du deshalb bitte dieses Formular ausfüllen, indem du das entsprechende Kästchen ankreuzt und es dann in dem beigefügten frankierten Rückumschlag an mich schickst? Bitte sende es mir bis zum 28. März zu. Herzlichen Dank!

(bitte ankreuzen)

☐ ....(Name) wird am 15. April um 13:30 Uhr an Petras Babyparty teilnehmen.

☐ ....(Name) kann leider nicht an der Geburt des Kindes teilnehmen.

*** Nicht vergessen: Bitte sende es bis zum 28. März in dem beigefügten frankierten Rückumschlag. DANKE! ***

Sie können jede beliebige Variante davon erstellen. Dies ist nur ein einfaches kleines Beispiel, das die Dinge hervorhebt, nach denen Sie fragen sollten: ob ein Eingeladener teilnimmt oder ob ein Eingeladener *nicht teilnimmt*.

Mit anderen Worten:

> **Sie wollen hier keine Grauzone;** Sie wollen keine Vorgabe, die besagt: *Ich habe nicht geantwortet, also komme ich nicht.*

Eine kleine Notiz wie die obige verpflichtet den Eingeladenen auf höfliche und geschmackvolle Weise dazu, Ihnen aktiv mitzuteilen, ob er kommt oder nicht.

Natürlich können Sie auch mit E-Mails arbeiten und einfach allen Eingeladenen eine E-Mail schreiben. Achten Sie darauf dass Sie je nach dem

- alle E-Mail-Adressen ins Adressfeld schreiben, wenn Sie möchten, dass alle gegenseitig sehen können, wer eingeladen ist oder
- alle E-Mail-Adressen ins bcc („blind carbon copy") Feld schreiben, so dass niemand sehen kann, wer sonst noch die E-Mail bekommt bzw. eben wer sonst noch eingeladen ist.

Bedenken Sie hierbei unbedingt auch, dass viele Leute es nicht mögen, wenn ihre E-Mail-Adresse Ihnen (noch) fremden Leuten bekanntgegeben wird, wie dies eben geschehen würde, wenn Sie die Adressen alle im „normalen" Adressfeld eingeben.

Ein mögliches Beispiel für eine einfache textliche Einladung geeignet für eine E-Mail wäre gemäss folgender Seite.

Einladung zur Babyparty von [Name werdende Eltern]

Liebe Freunde und Familie,

Wir freuen uns, euch zu einer besonderen Babyparty einzuladen, um die bevorstehende Ankunft unseres kleinen Wunders zu feiern!

Datum: [Datum]
Uhrzeit: [Uhrzeit]
Ort: [Adresse]

Lasst uns gemeinsam lachen, Spiele spielen und die Vorfreude auf die süßen Babyschühchen teilen! Es wird eine Gelegenheit sein, die werdenden Eltern zu unterstützen und liebevolle Wünsche für die kommende Zeit zu übermitteln.

Bitte gib uns eine kurze Rückmeldung per E-Mal oder Message auf [Handynummer], ob du dabei sein kannst oder nicht. Wir freuen uns darauf, diesen besonderen Moment mit euch allen zu teilen!

Mit Vorfreude,
[Dein Name]

Sie müssen die Platzhalter wie "[Datum]", "[Uhrzeit]" und "[Adresse]" natürlich entsprechend den tatsächlichen Details der Veranstaltung anpassen.

Wenn Sie kreativ sind und viel Spass daran haben, empfehle ich Ihnen sich auf der Website von Canva (https://canva.com) umzuschauen. Sie werden dort viele vorgefertigte (leider alles Englisch), aber veränderbare Einladungsmuster vorfinden. Sie können mit den verschiedensten Designelementen herumspielen. Aber seien Sie gewarnt: Wenn Sie einmal beginnen, werden Sie Stunden dort verbringen.

Wenn Ihre Gästeliste für die Babyparty kleiner ist und es machbar ist, können Sie die Mailing-Aktion überspringen und die Leute einfach anrufen und sie bitten, teilzunehmen. Wenn Sie die Zeit und die Möglichkeit haben, dies zu tun (z. B. wenn die Gästeliste klein genug ist, dass Sie sie verwalten können), ist dies die bevorzugte Methode. So haben Ihre Gäste die Möglichkeit, sachdienliche Fragen zu stellen, z. B. ob die werdende Mutter in einer Geschenkeliste eingetragen ist. Lassen Sie uns gleich darüber sprechen.

Geschenkeliste oder keine Geschenkeliste?

Dies ist eine weitere dieser lustigen Entscheidungen, an denen die werdende Mutter und wahrscheinlich auch der werdende Vater beteiligt sind. Geschenkelisten sind im Allgemeinen *wunderbare* Erfindungen, weil sie viele potenziell verwirrende Probleme lösen, wie zum Beispiel:

- Was werden sich die werdenden Eltern als Geschenk wünschen?

- Liege ich mit meinem Geschenk im richtigen Rahmen oder völlig daneben?

- Welche Geschenkartikel wurden bereits von anderen Eingeladenen gekauft?

- Welche Preisspanne ist angemessen?

Warum also sollte jemand angesichts all dieser Argumente, die für Geschenkeregister sprechen, kein solches nutzen? Nun, dafür gibt es einige Gründe.

Der einfachste Grund ist eine Frage der *Vorliebe*. Manche Menschen möchten die Auswahl an Dingen, die die Gäste kaufen können, einfach nicht einschränken, vor allem, wenn es Geschenke gibt, die man normalerweise nicht in Geschäften findet. Einige künstlerisch veranlagte Gäste möchten zum Beispiel etwas für das Baby *basteln*, vielleicht ein Mobile aus Holz oder ein schönes Bild, das im Zimmer des Babys hängen soll.

Diese Art von Gegenständen kann per definitionem nicht auf einem Geschenkelisteneintrag erscheinen, weshalb werdende Eltern es vielleicht vermeiden möchten, einen solchen zu verwenden.

Ein weiterer Grund sind die Kosten. Je nach Anzahl der eingeladenen Personen und unter der Annahme, dass die Eingeladenen auch kommen, kann es etwas unangenehm sein, wenn die Wunschliste Geschenkmöglichkeiten enthält, die offen gesagt außerhalb der Preisspanne einer Person liegen könnten. Das kann in der Tat unangenehm sein.

Wenn z. B. 20% der Geschenke auf dem Wunschzettel unter, sagen wir, EUR 30 liegen, besteht die Möglichkeit, dass diese *zuerst weggeschnappt* werden, so dass ein Nachzügler etwas Teureres kaufen muss oder das Risiko eingeht, etwas zu kaufen, das gar nicht auf dem Wunschzettel steht und daher von den Eltern vielleicht nicht gewünscht wird.

Um mit dieser Situation umzugehen, können Sie (als Organisator) informell vorschlagen, dass sich die Leute *zusammentun*, um bestimmte teurere Dinge zu kaufen, z. B. ein Kinderbett oder einen Kinderwagen. Auf diese Weise können die Leute immer noch innerhalb ihres Budgets bleiben und trotzdem etwas kaufen, das die Eltern wollen und auch brauchen (denn Babys können *sehr* teuer sein!).

Denken Sie natürlich daran, dass Sie, wenn Sie sich für eine Geschenkliste entscheiden, *alle* notwendigen Angaben machen. Es kann auch ratsam sein, Ihre Telefonnummer anzugeben, falls jemand *Fragen zu den Geschenken oder der Liste hat.*
Die wenigen Personen, die auf den teuren Geschenken sitzen bleiben, rufen Sie vielleicht alle zur gleichen Zeit an, und Sie können taktvoll vorschlagen, dass sie sich alle zusammentun und einen teuren Artikel kaufen.

Voila: **Problem gelöst!!**

TEIL 2: DIE PARTY DURCHFÜHREN

Okay. Sie haben sich überlegt, wann Sie die Party veranstalten, wen Sie einladen und ob Sie eine Geschenkeliste verwenden wollen oder nicht. Das war's dann wohl, oder? *Weit gefehlt!*

Eigentlich haben Sie schon eine ganze Menge Arbeit geleistet (Applaus für Sie!). Aber es gibt noch mehr Arbeit zu tun. Jetzt sind Sie richtig in Fahrt, und es ist an der Zeit, sich zu überlegen, was Sie *bei der Party* tun werden.

Das mag wie ein seltsamer Abschnitt erscheinen. Schließlich kommen die Leute zur Party, sie werden sich umarmen, lächeln, lachen, weinen (natürlich vor Freude) und eine gute Zeit haben. Für diesen Teil ist schon gesorgt. Doch es geht um mehr als das.

Zusätzlich zu den natürlichen Ereignissen, die auf der Babyparty stattfinden werden, möchten Sie auch *während der Party etwas* unternehmen. Mit anderen Worten: Sie möchten, dass Ihre Gäste etwas zu tun haben und dass sie etwas trinken oder essen können.

Im Folgenden wollen wir uns jeden dieser wichtigen Aspekte ansehen.

Dinge zu tun: Themen

Falls Sie in letzter Zeit nicht auf einer Babyparty waren, habe ich hier ein paar nützliche Informationen für Sie:

Themen sind in!

Das bedeutet, dass sich immer mehr Menschen für einen bestimmten Stil oder ein *bestimmtes Thema* der Babyparty entscheiden. Erinnern Sie sich noch an die Highschool-Tanzabende, die unter einem bestimmten Motto stattfanden? Zum Beispiel ein Oldie-Thema, ein Rock'n'Roll-Thema oder etwas anderes? Und die Dekoration und so weiter spiegelte das gewählte Thema wider? Nun, so ist es auch bei thematischen Babypartys.

Bei der Wahl des Themas sind Ihnen nun wirklich keine Grenzen gesetzt. Wirklich: alles, was Sie sich vorstellen können, vorausgesetzt, es ist realistisch und im Rahmen Ihres Budgets, ist in Ordnung.

Um ein Thema zu erstellen, müssen Sie lediglich die folgenden Punkte berücksichtigen, die Sie ausgewählt haben:

- ☑ die Einladungen selbst sollten das gewählte Thema widerspiegeln (z. B. Alice im Wunderland)

- ☑ Der Raum für die Babyparty sollte mit Gegenständen dekoriert werden, die das Thema widerspiegeln (z. B. Farben, Poster, Requisiten wie Plüschtiere oder Luftballons).

- ☑ Die Erfrischungen und das Essen (die weiter unten in diesem Buch behandelt werden) sollten das Thema widerspiegeln.

Um Ihrer Kreativität auf die Sprünge zu helfen, finden Sie im Folgenden einige Themenvorschläge. Sie stammen alle von *echten Menschen*, die erfolgreiche Babypartys veranstaltet haben (genau wie Ihre sein wird!).

Thema: Eine Teeparty

Erinnern Sie sich daran, wie Sie als Kind *Teeparty* gespielt haben? Sie trafen sich mit Ihren kleinen Freunden oder vielleicht mit Ihren Stofftieren (die natürlich noch lebten), und gemeinsam setzten Sie sich hin und unterhielten sich bei einer Tasse Tee auf angenehme und unbeschwerte Weise.

Damals war Ihr Tee vielleicht, nun ja, von der *unsichtbaren* Sorte. Schließlich durfte man kein kochendes Wasser in der Kanne haben, um sich nicht zu verbrennen! Jetzt aber sind Sie erwachsen und können die *sichtbare* Variante des Tees genießen (er schmeckt ein bisschen anders).

Um dieses Thema zu genießen, stellen Sie einfach die Vision Ihrer Kindheit wieder her. Laden Sie alle Ihre Kuscheltiere ein (die natürlich *noch* am Leben sind) und lassen Sie sie auf Stühlen rund um den Raum sitzen, in dem die Babyparty stattfindet (wahrscheinlich das Wohnzimmer oder vielleicht ein ausgebauter Keller).

Dieses Thema weckt bei Ihren Gästen sicher viele warme Erinnerungen, denn die meisten von uns haben schon ein paar Mal *beim Tee* gespielt. Zu diesem Zweck können Sie jeden Gast einladen, ein Plüschtier mitzubringen, das an den Feierlichkeiten teilnehmen kann (und sie können das

Plüschtier sogar als kleines Bonusgeschenk für das Baby zurücklassen).

Thema: Berühmtheit

Mal ehrlich: Wer würde sich nicht gerne ab und zu wie ein Prominenter fühlen? Stellen Sie sich vor, die Menschen um Sie herum drängen sich, um ein Autogramm zu bekommen oder ein Foto von Ihnen für diese Glamour-Magazine zu machen ... ach, was für ein Leben.
Die Berühmtheit in diesem Fall sind jedoch nicht Sie (Entschuldigung) und auch nicht die werdende Mutter. Es wird ihr Baby sein! Dieses Thema erfordert also eine Dekoration, die eines Stars würdig ist - vielleicht sogar ein großes Hollywood-Schild auf dem Rasen oder in der Eingangshalle.

Und auch die Einladungen können statt traditioneller Einladungen Pressemitteilungen sein, die das Erscheinen von Hollywoods nächstem aufsteigenden Star ankündigen.

Und natürlich dürfen Sie die Torte nicht vergessen! Anstelle einer normalen Torte können Sie eine Torte in Form eines Sterns nehmen - wie auf dem Hollywood Walk of Fame! All diese kleinen Elemente verleihen der Babyparty Humor und Energie und sorgen dafür, dass sie für alle, insbesondere für die werdende Mutter, zu einem unvergesslichen Erlebnis wird.

Thema: Literarisches Baby

Es spielt keine Rolle, was für eine Kindheit wir hatten oder wie oft wir uns zusammengerollt haben, um das allererste Buch zu lesen, das einen so positiven Eindruck auf unsere heranwachsende Fantasie gemacht hat. Vielleicht war es ein *Juli Löwenzahn* oder *Tilda Apfelkern* Buch, vielleicht aber auch etwas später, wie zum Beispiel das erste *Drei ???-Rätsel* oder *Drei !!!-Rätsel*.

Bei einer Babyparty mit literarischem Thema sollte jeder Gast (zusätzlich zu seinem Geschenk) ein *besonderes Buch* aus seiner Kindheit mitbringen, das ihn inspiriert hat und auch nach all den Jahren noch einen Platz in seinem Herzen hat.

Auch wenn es noch einige Jahre dauern wird, bis das Baby eines der Bücher lesen kann, werden sie als wunderbare Bibliothek dienen, in die das Kind hineinwachsen kann; vor allem, weil jedes Buch mit so viel Sorgfalt und Liebe ausgewählt wurde.
Außerdem ist ein literarisches Thema ein *fantastischer* Eisbrecher. Es gibt jedem die Möglichkeit, zu erzählen, *warum* das Buch für ihn so besonders war.

Wahrscheinlich werden Sie viel nicken, lächeln und vielleicht auch ein paar Tränen vergießen (die guten natürlich!).

Dinge zu tun: Spiele

Babypartys sind der *ideale* Ort, um Spiele zu spielen. Sie helfen nicht nur, das Eis zu brechen und die Leute zum Lachen zu bringen, sondern da es bei Babypartys darum geht, Spaß zu haben: Was macht mehr Spaß als ein gutes Spiel? Besser als arbeiten, oder!

Es gibt verschiedene Spiele, die Sie spielen können, von alten Standards wie Scharaden bis hin zu modernen Ideen wie Trivia-Spielen. Ein Besuch in Ihrem örtlichen Spielwarengeschäft wird Sie mit verschiedenen Ideen versorgen, was funktionieren könnte.

Vielleicht haben Sie aber auch Lust, ein Spiel zu kreieren, das eine Art spezielles *Babyparty-Gefühl* vermittelt; etwas, das unterhaltsam und leicht wettbewerbsorientiert ist, aber mit der Tatsache zusammenhängt, dass es auf einer Babyparty gespielt wird.

Sie finden aber auch nachstehend ganz viele Ideen.

Sie können diese Spiele nach Belieben abändern, um sie speziell an Ihr Thema anzupassen.

Spiel: Der Siegerteller

Dieses nette kleine Spiel beinhaltet das, was die meisten Menschen im Leben lieben: **Essen!** Legen Sie einfach ein Bild eines Babys unter einen der Teller, die den Gästen zum Essen gereicht werden. Sagen Sie niemandem, dass das Bild dort liegt; lassen Sie sie einfach essen. Wenn der Teil des Essens zu Ende ist, sagen Sie Ihren Gästen, sie sollen unter ihren Teller schauen, und der glückliche Gast, der das Bild hat, bekommt einen Preis!

Spiel: Der Preis ist richtig

Die Leute scheinen dieses Spiel *zu lieben*, denn es basiert auf der nach Meinung vieler besten Spielshow aller Zeiten: The Price is Right!

Kaufen Sie einfach eine Reihe von Babyartikeln, wie Windeln, Babynahrung, einen Schnuller oder alles, was man in einem normalen Lebensmittelgeschäft in der Nähe finden kann. Lassen Sie die Gäste dann *bieten*, wie viel alles ihrer Meinung nach kostet. Belohnen Sie jeden Bieter, der gewinnt, mit einem Preis, oder bieten Sie ihm Punkte an, die am Ende zusammengezählt werden. Der Gewinner des gesamten Spiels kann dann einen Preis gewinnen.

Spiel: Das... war ICH?

Dieses Spiel macht unheimlich viel Spaß! Bitten Sie jeden Gast, ein Babyfoto von *sich* mitzubringen. Sammeln Sie alle Bilder ein und kleben Sie sie auf eine große Tafel. Während der Babyparty können die Gäste nach oben gehen und die große Tafel mit den Bildern durchstöbern.

Geben Sie jedem Gast ein Blatt Papier und einen Stift und bitten Sie ihn, die Namen aufzuschreiben, von denen er glaubt, dass es sich um die einzelnen Bilder handelt (schreiben Sie eine Nummer neben jedes Bild, damit man sie zuordnen kann).

Am Ende des Spiels verraten Sie die Antworten und sehen, wer das beste Auge hat! Dieses Spiel ist nicht nur leicht wettbewerbsorientiert, sondern führt auch immer zu vielen Lachern und *Ohhhh du warst so süüüüüüüüüss*!

Weitere Spiele in Kurzform

1. **Babybilder-Raten:**
   - Bittet die Gäste, Babybilder der zukünftigen Eltern zu erraten. Die Person mit den meisten richtigen Antworten gewinnt einen kleinen Preis.

2. **Werdende Eltern Trivia:**
   - Erstellt eine Liste mit Fragen über die werdenden Eltern (zum Beispiel, wie sie sich kennengelernt haben). Die Gäste können ihre Kenntnisse in einem Quiz testen.

3. **Windel-Geschwindigkeitswettbewerb:**
   - Die Gäste müssen so schnell wie möglich eine Windel an einer Puppe wechseln. Derjenige, der dies am schnellsten und korrekt schafft, gewinnt.

4. **Babyflaschen-Wetttrinken:**
   - Füllt Babyflaschen mit einem Getränk (alkoholfrei!) und lasst die Gäste darum wetteifern, wer am schnellsten trinken kann.

5. **Lätzchen-Gestaltungswettbewerb:**
   - Stellt Lätzchen und Stoffmalfarben bereit, damit die Gäste kreative Lätzchen für das Baby gestalten können. Die

werdenden Eltern wählen dann das schönste oder originellste Lätzchen aus.

6. **Windel-Schätzwettbewerb:**
   - Füllt ein Glas mit Gummibärchen oder anderen kleinen Süßigkeiten und lasst die Gäste schätzen, wie viele "Windeln" darin sind. Der Gewinner bekommt das Glas mit den Süßigkeiten.

7. **Wer kennt die Eltern am besten?:**
   - Stellt den Gästen Fragen über die werdenden Eltern (Lieblingsessen, Lieblingsfarbe usw.). Diejenigen mit den meisten korrekten Antworten gewinnen.

8. **Baby-Bingo:**
   - Erstellt Bingo-Karten mit Begriffen rund um Babys und Schwangerschaft. Die Gäste können während der Party markieren, wenn sie ein Wort hören. Diejenigen, die zuerst Bingo haben, gewinnen.

9. **Schwangerschaftscharade:**
   - Spielt eine Runde Pantomime, wobei die Begriffe rund um Schwangerschaft und Babys sind. Das kann für viele Lacher sorgen.

10. **Babylieder-Musikquiz:**

- Spielt kurze Ausschnitte von Babyliedern, und die Gäste müssen den Titel erraten. Derjenige mit den meisten richtigen Antworten gewinnt.

Denken Sie daran, die Spiele entsprechend der Größe und Stimmung der Gruppe anzupassen, und vergessen Sie nicht, kleine Preise für die Gewinner bereitzuhalten!

Essen

Der Autor Randy Wilson hat einen wunderbaren Artikel über die Bedeutung des Essens bei einer Babyparty verfasst. Er gibt einige fantastische Ratschläge, was man auswählen sollte und was *nicht*.

Als Erstes weist Wilson darauf hin, dass ein komplettes Menü nicht typisch für eine Babyparty ist. Vielmehr sind Fingerfood, Appetithäppchen und Knabbereien wie Chips und Cracker üblich. Eine Torte ist ebenfalls üblich, ebenso wie andere Desserts wie Eiscreme und Kuchen. Wenn Sie bei einem der Produkte etwas mehr Geld ausgeben wollen, dann ist es in der Regel besser, bei den Desserts etwas mehr zu investieren.

Wer liebt schließlich keinen Kuchen?

Wie bereits erwähnt, können auch die Speisen auf der Babyparty mit dem Thema in Verbindung gebracht werden. Wenn das Thema zum Beispiel *Prominente* ist, können die Sandwiches die Form von kleinen Sternen haben. Die Speisen *müssen* das Thema nicht widerspiegeln, was bedeutet, dass Sie sich nicht schlecht oder wie ein Versager fühlen sollten, wenn Sie keine Möglichkeit finden, kleine sternförmige Sandwiches zu machen (das ist wirklich eine Kunstform!). Wenn Sie es jedoch schaffen, alles miteinander zu verbinden, wird Ihre Babyparty für die Gäste und die werdenden Eltern zu einem unvergesslichen Ereignis.

Eine große Auswahl ist ebenfalls wichtig; wir gehen im Abschnitt "Geheimtipps" dieses Buches ausführlich darauf ein. Es genügt zu sagen, dass Sie versuchen sollten, genügend Abwechslung zu bieten, um den verschiedenen Geschmäckern *und* Ernährungsgewohnheiten gerecht zu werden. Denken Sie „Vegan", „Vegetarisch", „Glutenfrei" etc. Heutzutage ist es oft klug, die Gäste selbst ein wenig vorbereiten zu lassen.

Anstatt beispielsweise das Salatdressing in den Salat zu geben oder Gewürze wie Mayonnaise auf die Finger-Sandwiches zu geben, können Sie diese den Gästen überlassen, damit sie sie selbst hinzufügen können, wenn sie es wünschen.

Das Gleiche gilt für Desserts. Es ist zwar wunderbar, reichhaltigen Kuchen und leckere Torten anzubieten, aber es ist immer gut, Obst als Alternative anzubieten. Manche Menschen wollen (oder dürfen!) vielleicht nicht so viele Kalorien zu sich nehmen oder so viel Zucker genießen.

TEIL 3: GEHEIMTIPPS

Ach ja. Was wäre ein Ratgeberbuch ohne Insidertipps? Dies sind die bewährten, erprobten und manchmal *bedauerlichen* Details, die Sie wirklich **wissen müssen**, um eine perfekte Babyparty zu planen, zu organisieren und durchzuführen.

Einige dieser Ratschläge werden Sie wahrscheinlich als selbstverständlich empfinden, andere werden Sie vielleicht überraschen. Diese seltsamen Ratschläge sind für Sie am wichtigsten, denn ob Sie sie beherzigen oder *nicht*, kann den Unterschied ausmachen, ob Sie Ihre Babyparty aus den richtigen oder aus den falschen Gründen unvergesslich machen. Diese Ratschläge stammen aus meinen Erfahrungen und/oder von Erfahrungen meiner Freundinnen, Kolleginnen und Verwandten.

Je mehr Babypartys Sie planen und durchführen (denn Sie werden so gut darin sein, dass die Leute Ihre Dienste in Anspruch nehmen wollen!), desto länger wird Ihre Liste der *Ge- und Verbote*. Halten Sie ein Tagebuch bereit, in dem Sie Ihre Erkenntnisse und Erfahrungen notieren können, während Sie arbeiten.

Dinge zu tun: Planung

Es versteht sich von selbst (aber sagen wir es trotzdem nochmals, da es wirklich essentiell ist!):

BITTE PLANEN SIE VORAUS!

Vielleicht gehören Sie zu den sehr begabten Menschen, die dazu neigen, Dinge ohne große Planung zu erledigen; Sie haben einfach ein *Gespür* dafür, wie man etwas zustande bringt, und oft gelingt es Ihnen, es genau im richtigen Moment zu erledigen. Wenn das auf Sie zutrifft, dann sollten Sie diesen weisen Rat beherzigen:

BITTE PLANEN SIE VORSICHTIG!

Die Sache mit der Babyparty ist die, dass es eine Menge Variablen gibt, die zusammenkommen, um zu bestimmen, ob sie erfolgreich ist oder nicht. Wie Sie aus dem ersten Teil dieses Buches wissen, *kann* alles, von der Wahl der Jahreszeit für die Babyparty bis hin zu der Zeit, in der die Einladungen beantwortet werden müssen, die Party *beeinflussen*. Oder um es offener auszudrücken: Wenn bei einem dieser Elemente etwas *nicht stimmt*, dann wird es mit ziemlicher Sicherheit das gesamte Erlebnis der Babyparty negativ beeinflussen.

Wie geht man also mit dieser Situation um? Ganz einfach, indem Sie *vorausplanen*. Machen Sie einen Plan - schreiben Sie ihn auf! - und sehen Sie, was Sie zu tun haben und in welchem Zeitrahmen. Wenn Sie Hilfe brauchen, sprechen Sie mit der werdenden Mutter und suchen Sie sich ein paar Stellvertretende für sich. Wenn Sie Hilfe bei einer Entscheidung brauchen - zum Beispiel bei der Frage, wen Sie einladen sollen -, dann holen Sie sich die nötige Hilfe. Wenn Sie *planen*, wissen Sie, was zu tun ist, und können es dann in Angriff nehmen.

Andererseits werden Sie, wenn Sie *nicht* planen, mit Sicherheit das eine oder andere Detail übersehen. Zu diesem Zeitpunkt mögen sie unbedeutend erscheinen ("Muss ich *wirklich* noch einmal nachfragen, wer nicht auf die Einladung geantwortet hat?").

Mein Rat ist auch, dass Sie bitte immer davon ausgehen, dass sich die anderen Personen nicht so (vernünftig) verhalten, wie Sie es selbst tun würden. Drücken Sie sich auch immer sehr, sehr klar aus. Ich habe die Erfahrung gemacht, dass bei so vielen Personen, die involviert sind, es immer jemanden geben wird, der etwas missversteht. Andere Menschen haben einfach andere Backgrounds, eine andere Erziehung etc. Sie dürfen keinesfalls davon ausgehen, „dass es dann schon gut kommt" oder „dass es dann schon richtig gemacht wird." – So leid mir das auch tut.

Doch wenn die Party dann tatsächlich stattfindet, ist es wie bei einem Autorennen bei den Indy 500: Wenn es Fehler gibt, werden sie *aufgedeckt*. Lassen Sie also nicht zu, dass Ihre kleinen Details Sie oder die anderen Gäste (einschließlich der werdenden Mutter) in die Verzweiflung treiben.

Wenn Sie keine gute Planerin sind, haben Sie hier die Gelegenheit, eine *zu werden*. Es ist gar nicht so schwer, man muss sich nur ein bisschen anstrengen (und das geht sehr weit!).

Dinge zu tun: Dekorieren

Eines der *denkwürdigsten* Dinge an der Babyparty wird die Dekoration sein. Sie mag wie ein weiteres kleines Detail in einem Meer von Details erscheinen, aber sie wird etwas sein, das die Leute bemerken, schätzen und sich tatsächlich daran erinnern.

Sie müssen es mit der Dekoration nicht übertreiben und Sie müssen *nicht* viel Geld ausgeben. Die größte Investition wird wahrscheinlich Ihre Zeit sein. Wählen Sie einfach die Dekoration, die das von Ihnen gewählte Thema widerspiegelt. Vielleicht möchten Sie die werdende Mutter bei der Auswahl der Dekoration beraten.

Wenn die werdende Mutter zum Beispiel eine tödliche Angst vor Spinnen hat, ist ein Thema wie das Kinderbuch „Wilbur und Charlotte", Originaltitel *"Charlotte's Web"*, mit riesigen Spinnendekorationen wahrscheinlich nicht die klügste Entscheidung (mal ganz abgesehen, davon, dass ziemlich sicher der eine oder andere Gast ebenfalls eine Spinnenphobie haben wird). Ich würde Ihnen empfehlen Spinnen sowieso vorsichtshalber nicht als Thema zu wählen – ausser denn die Mutter sei Spinnenforscherin oder es bestehe ein ähnlicher guter Ausnahmegrund.

BONUS: Checkliste Dekoration

1. **Themenwahl:**

   - Entscheiden Sie sich für ein Thema, das zur Persönlichkeit der werdenden Mutter passt.

   - Wählen Sie passende Farben und Dekorationselemente aus.

2. **Banner und Schilder:**

   - Erstellen Sie personalisierte Banner und Schilder mit dem Namen des Babys oder süßen Botschaften.

   - Überprüfen Sie, ob alle wichtigen Bereiche beschriftet sind.

3. **Balloons und Girlanden:**

   - Besorgen Sie heliumgefüllte Ballons oder gestalten Sie Ballongirlanden.

   - Stellen Sie sicher, dass die Ballons farblich zur gesamten Dekoration passen.

4. **Tischdekoration:**

   - Planen Sie die Tischdekoration mit Tischdecken, Mittelstücken und passendem Geschirr.

   - Achten Sie darauf, dass die Dekoration auf die Partythematik abgestimmt ist.

5. **Wanddekoration:**

   - Gestalten Sie eine hübsche Wanddekoration, zum Beispiel mit Babyfotos oder Bildern der werdenden Mutter.

   - Hängen Sie Dekorationselemente wie Girlanden oder Windräder auf.

6. **Kuchentisch:**

- Dekorieren Sie den Kuchentisch mit einer ansprechenden Tischdecke.

- Setzen Sie den Kuchen oder Desserts in Szene, vielleicht mit einem personalisierten Cake-Topper.

7. **Stuhldekoration:**

- Verleihen Sie den Stühlen eine festliche Note, zum Beispiel mit Schleifen oder Schildern.

- Stellen Sie sicher, dass der Stuhl der werdenden Mutter besonders geschmückt ist.

8. **Fotoecke:**

- Richten Sie eine spezielle Fotoecke ein, in der die Gäste Erinnerungsfotos machen können.

- Verwenden Sie Requisiten und Hintergründe, die zum Thema passen.

9. **Blumenschmuck:**

- Wählen Sie Blumenarrangements, die zum Gesamtkonzept passen.

- Denken Sie an Tischblumen, Blumengirlanden oder Blumenschmuck für den Eingangsbereich.

10. **Beleuchtung:**

- Achten Sie auf die Beleuchtung, um eine gemütliche Atmosphäre zu schaffen.

- Nutzen Sie Kerzen, Lichterketten oder Lampions, um eine warme Stimmung zu erzeugen.

Vergessen Sie nicht, bei der Auswahl der Dekorationselemente die Vorlieben der werdenden Mutter und das gewählte Thema im Blick zu behalten.

BONUS: Ideen für Dekorationsthemen

1. **Pastellfarben und Baby-Elemente:** Verwenden Sie sanfte Pastellfarben wie Rosa, Blau, Gelb und Grün und dekorieren Sie mit niedlichen Baby-Elementen wie Schnullern, Windeln und Babyflaschen.

2. **Safari-Dschungel:** Gestalten Sie die Party mit Tierfiguren wie Giraffen, Elefanten und Löwen und verwenden Sie eine Palette von Grüntönen für eine Dschungelatmosphäre.

3. **Bärchen-Party:** Dekorieren Sie mit süßen Teddybären und anderen kuscheligen Tierfiguren in Pastellfarben.

4. **Wolken und Sterne:** Schaffen Sie eine himmlische Atmosphäre mit Wolken- und Sternendekorationen in Weiß, Blau und Silber.

5. **Babyspielzeug-Wunderland:** Verwenden Sie große Spielzeugfiguren wie Bauklötze, Teddybären und Schnuffeltücher als Hauptdekorationselemente.

6. **Weltraumabenteuer:** Gestalten Sie die Party im Stil eines intergalaktischen Abenteuers mit Planeten, Sternen und Raumschiffen.

7. **Natur und Waldtiere:** Dekorieren Sie mit Waldtieren wie Eulen, Rehen und Eichhörnchen sowie mit natürlichen Elementen wie Baumstämmen und Blättern.

8. **Maritimes Thema:** Schaffen Sie eine maritime Atmosphäre mit Dekorationen wie Anker, Muscheln, Fischen und Seesternen in Blau- und Weißtönen.

9. **Zirkus-Party:** Verwandeln Sie die Party in eine fröhliche Zirkuswelt mit bunten Streifen, Zirkustieren und Zirkuszelt-Dekorationen.

10. **Prinzessinnen und Ritter:** Dekorieren Sie mit königlichen Elementen wie Kronen, Schwertern, Prinzessinnenkleidern und Rüstungen.

11. **Frühlingsblüten:** Schaffen Sie eine frische und blumige Atmosphäre mit bunten Blumenarrangements und dekorativen Blüten in Pastellfarben.

12. **Bauernhof-Abenteuer:** Verwandeln Sie die Party in einen Bauernhof mit Dekorationen wie Tieren, Traktoren, Heuballen und Gemüsebeeten.

13. **Zauberwald:** Schaffen Sie eine märchenhafte Atmosphäre mit Feen, Elfen, Glitzer und magischen Wesen in einem verzauberten Wald.

14. **Vintage-Teeparty:** Dekorieren Sie im Stil einer nostalgischen Teeparty mit Vintage-Tassen, Spitzen-Tischdecken und Blumenarrangements.

15. **Dinosaurier-Expedition:** Gestalten Sie die Party im Stil einer prähistorischen Expedition mit Dinosauriern, Fossilien und Urzeitlandschaften.

16. **Bauerngarten-Idylle:** Dekorieren Sie mit einer Fülle von Blumen und Gartenelementen wie Gießkannen, Vogelhäuschen und Pflanztöpfen.

17. **Märchenwald:** Verwandeln Sie die Party in eine märchenhafte Welt mit Märchenfiguren wie Rotkäppchen, Schneewittchen und Rapunzel.

18. **Tierfreunde:** Dekorieren Sie mit niedlichen Tierfiguren und -motiven in fröhlichen Farben wie Gelb, Orange und Grün.

19. **Regenbogen-Paradies:** Schaffen Sie eine farbenfrohe und fröhliche Atmosphäre mit Regenbogen-Dekorationen und bunten Accessoires.

20. **Zukunftshoffnung:** Gestalten Sie die Party mit Symbolen und Dekorationen, die Hoffnung und Vorfreude auf die Zukunft des Babys ausdrücken, wie zum Beispiel Herzen, Schmetterlinge und Sonnenschein.

Dinge zu tun: Verpflegung

Vielleicht mehr als je zuvor nehmen die Menschen sehr genau wahr, was sie essen - und was sie nicht essen. In der Vergangenheit war es einigermaßen sicher, Verpflegungsentscheidungen auf der Grundlage religiöser oder kultureller Vorstellungen zu treffen.

Zum Beispiel essen viele Katholiken am Freitag kein rotes Fleisch. Wenn also auf der Gästeliste Personen stehen, von denen Sie wissen, dass sie diese Praxis befolgen, würden Sie einfach Alternativen ohne rotes Fleisch anbieten, z. B. Meeresfrüchte. Oder wenn Ihre Gäste Juden oder Moslems sind, würden Sie kein Schweinefleisch servieren.

Diese kulturellen Verpflegungsregeln gelten zwar nach wie vor, aber immer mehr Menschen entscheiden sich heutzutage für eine Ernährung, die auf einem bestimmten Lebensstil beruht, nicht nur auf religiösen oder spirituellen Erwägungen. Viele Menschen essen zum Beispiel keine Lebensmittel, die Transfette enthalten. Menschen essen auch keine kohlenhydrat- oder eiweißreichen Lebensmittel (es ist heutzutage schwer zu sagen, was gut und was schlecht ist!). Außerdem gibt es in der westlichen Welt immer mehr praktizierende Vegetarier, und auch das kann ein wenig verwirrend sein. Manche Menschen, die sich selbst als

Vegetarier bezeichnen, essen Fisch. Manche trinken Milch. Manche essen keinen Käse oder Honig. Dann gibt es auch die Veganer, die gar keine tierischen Produkte essen oder Flexitarier, die das eben etwas flexibel handhaben usw.

Rufen Sie zum Spaß die Website einer internationalen Fluggesellschaft auf, z. B. Lufthansa, Austrian Airlines oder Swiss. Schauen Sie sich auf der Website den Bereich *"Bordverpflegung" an*, um die verschiedenen Arten von Mahlzeiten zu sehen, die angeboten werden. Sie werden **erstaunt sein**, wie viele verschiedene Kategorien von Speisen es gibt. Sie werden alles finden, von kalorienarm über laktovegetarisch und kohlenhydratarm bis hin zu natriumarm und noch viel mehr.

Aber keine Sorge: Sie müssen nicht *Dutzende* von Speisen anbieten! Es geht einfach darum, sich bewusst zu machen, dass die Menschen heute viel besser darüber informiert sind, was sie essen wollen - und was nicht.

Versuchen Sie also, bei Ihren Catering-Entscheidungen ein wenig über den Tellerrand zu *schauen*. Das bedeutet, dass Sie prüfen sollten, ob die von Ihnen getroffenen Entscheidungen den Genuss Ihrer Gäste an einem bestimmten Essen einschränken könnten. Wenn Sie z. B. kleine Finger-Sandwiches bestellen, wäre es vielleicht ratsam, Aufschnitt auf einem separaten Teller anzubieten, aus dem die Gäste nach eigenem Ermessen wählen können. Wer keinen Aufschnitt möchte (aus welchen Gründen auch immer, z. B. aus geschmacklichen Gründen), kann ihn einfach nicht mitnehmen.

Überlegen Sie auch, welche *Arten* von Lebensmitteln Sie anbieten. Wenn Ihre Gästeliste überwiegend aus älteren Menschen besteht, sind Lebensmittel wie Sellerie - der für Zahnprothesen mörderisch ist! - sind keine gute Idee. Auch als Hauptspeise nur ein von Fett triefendes Spanferkel anzubieten ist sicherlich keine gute Idee. Sie schrecken damit schon einmal alle ab, die Vegetarier oder Veganer sind, dann alle, die kein Schweinefleisch essen sowie alle linienbewussten Zeitgenossinnen und Zeitgenossen.

Bevor wir zum nächsten *Punkt* übergehen, sollten Sie sich einen Moment Zeit nehmen und überlegen, ob Sie auf der Babyparty Alkohol trinken werden. Dieses Buch ist kein Rechtsratgeber, und nichts in diesem Buch ist als Rechtsberatung zu verstehen. Medienberichten zufolge hat es jedoch einige Fälle gegeben, in denen Menschen auf Partys zu viel Alkohol konsumiert und dadurch sich selbst und andere Menschen verletzt haben. (Erlauben Sie mir ein bisschen Ironie.) Das ist schon tragisch genug, aber zu allem Unglück wurden auch noch die Partyveranstalter als mitverantwortlich angesehen (… und Sarkasmus).

Diese Einzelfälle, die in den Medien so viel Aufmerksamkeit erregt haben, betreffen Partys zu Weihnachten und Silvester, bei denen Alkohol als Grundnahrungsmittel gilt. (Ironie ongoing)

Jetzt aber wieder ernsthaft: Es ist schwer vorstellbar, dass auf einer Babyparty jemand über das Maß hinaus trinken würde. Dennoch *kann es* dazu kommen, und man muss sich dessen bewusst sein. Wenn Sie also Alkohol in irgendeiner Form ausschenken wollen - sei es Punsch, Wein oder Prosecco usw. - dann tun Sie, was Sie *tun müssen*, um Menschen, die nicht wissen, wann sie aufhören sollen, den Zugang zu verwehren.

Oder Sie entscheiden sich, wie viele andere auch, für eine alkoholfreie Babyparty und denken nicht weiter darüber nach! Die Entscheidung liegt bei Ihnen (und vermutlich auch bei den werdenden Eltern), aber es lohnt sich, *im Vorfeld* darüber zu sprechen.

BONUS: 20 Ideen für die Verpflegung

Diese Auswahl an Verpflegungsmöglichkeiten ist einfach zuzubereiten, vielseitig und für alle Gäste geeignet, ohne religiöse Gefühle zu verletzen oder potenzielle Gefahren wie Fettflecken zu verursachen. Gut, ganz ausschliessen kann man das z. B. bei den Caprese-Spießen nicht, aber mindestens verringert ist das Risiko aus meiner Sicht schon.

1. **Fingerfood-Sandwiches:** Z.B. vegetarische Sandwiches, belegte Brötchen mit Käse und Gemüse oder Hähnchenbrust.
2. **Obst- und Gemüseplatte:** Mit einer Auswahl an geschnittenem Obst wie Melone, Beeren und Trauben sowie Gemüsesticks mit Dip.
3. **Käseplatte:** Verschiedene Käsesorten mit Crackern und einer Auswahl an Früchten wie Trauben oder Äpfeln.
4. **Mini-Quiches:** Kleine herzhafte Quiches mit verschiedenen Füllungen wie Spinat und Feta oder Schinken und Käse.
5. **Caprese-Spieße:** Tomaten, Mozzarella und Basilikum auf Spießen mit Balsamico-Glasur.
6. **Wraps:** Gefüllt mit einer Vielzahl von Zutaten wie Hummus und Gemüse oder Hähnchen und Salat.
7. **Mini-Frikadellen:** Kleine Hackfleischbällchen mit BBQ- oder Tomatensauce zum Dippen.

8. **Mini-Pizzen:** Kleine Pizzen mit verschiedenen Belägen wie Margherita, Pepperoni oder Gemüse.

9. **Gefüllte Teigtaschen:** Mit einer Auswahl an Füllungen wie Spinat und Feta oder Hackfleisch.

10. **Bruschetta:** Geröstetes Brot mit Tomaten, Knoblauch und Basilikum.

11. **Hummus und Pita-Chips:** Servieren Sie verschiedene Sorten von Hummus mit knusprigen Pita-Chips zum Dippen.

12. **Obstsalat:** Frischer Obstsalat mit einer Vielzahl von Früchten und einer leichten Zitrusdressing.

13. **Gefüllte Eier:** Halbierte hart gekochte Eier mit einer Füllung aus Eigelb, Mayonnaise und Gewürzen.

14. **Gurken-Sandwiches:** Dünne Gurkenscheiben mit Frischkäse und Kräutern zwischen zwei Scheiben Gurke.

15. **Mini-Quinoa-Salat-Cups:** Quinoa gemischt mit Gemüse und Dressing in kleinen Schälchen serviert.

16. **Tortilla-Chips und Salsa:** Mit verschiedenen Arten von Salsa wie mild, medium und scharf.

17. **Fruchtspieße:** Frische Früchte auf Spießen arrangiert für eine einfache und ansprechende Präsentation.

18. **Mini-Cupcakes:** Kleine, süße Cupcakes mit verschiedenen Frostings und Dekorationen.

19. **Popcorn:** Einfach gewürztes Popcorn in kleinen Schüsseln serviert.

20. **Mini-Muffins:** Kleine Muffins in verschiedenen Geschmacksrichtungen wie Blaubeere, Schokolade oder Banane.

Dinge zu tun: Ein Zeitlimit setzen

Babypartys sind wunderbare Ereignisse, die mit entspannendem Lachen und gemeinsamen positiven Gefühlen gefüllt sind. Doch alle guten Dinge haben einmal ein Ende. Oder besser gesagt,

alle guten Dinge sollten zu einem Ende kommen, solange sie noch gut sind.

Das bedeutet ganz einfach, dass Sie eine klare Endzeit für die Babyparty festlegen sollten. Dies ermöglicht es den Gästen, ihren Tag effizient zu planen, und gibt allen die Möglichkeit, zur gleichen Zeit zu gehen und nicht unhöflich zu erscheinen, weil sie *"gehen müssen und den ganzen Spaß verpassen"*.
Sie müssen die Babyparty nicht überwachen, damit sie genau im Zeitplan bleibt; dies ist kein Job, denken Sie daran, und es gibt keine Aktionäre!

Sie sollten die Babyparty zwar durch die verschiedenen Phasen leiten (z. B. von den Spielen zum Essen übergehen, so dass die Gäste genug Zeit zum Essen haben), aber das Wichtigste ist, dass die Babyparty pünktlich endet.

Dinge, die man NIEMALS tun sollte: Wählen Sie keine ungünstigen Spiele

Scharade ist schon lange nicht mehr angesagt. – Heute gibt es Regale voller Spiele, die speziell für Erwachsene entwickelt wurden. Einige dieser Spiele sind, wie Sie sich vorstellen können - oder vielleicht haben Sie sogar selbst schon das eine oder andere Mal Spaß daran gehabt - von der... äh... naja, sie können ein bisschen *rasant* sein. Und sie können unangenehme Fragen stellen und unangenehme Momente hervorrufen; denn das gehört zum Spaß am Spiel.

Sie wollen aber einfach nicht, dass das Wort "unangenehm" auch nur in die Nähe Ihrer Babyparty kommt!

Tatsächlich sollten Sie das Wort "unangenehm" immer mindestens 500 Meter von Ihrer Babyparty entfernt halten. Um dies zu erreichen, sollten Sie sicherstellen, dass die Spiele, die Sie auswählen, für alle geeignet sind und nicht zu unangenehmen Situationen führen.
Überlegen Sie auch, ob das Spiel selbst nicht nur für Erwachsene bestimmt ist. Einige Spiele, wie *Twister*, sind nicht für Menschen geeignet, die übergewichtig sind oder unter einer körperlichen Einschränkung leiden.

Wenn zum Beispiel einer Ihrer Gäste an einen Rollstuhl gefesselt ist, kann ein Spiel, das Mobilität erfordert - wie eben Twister oder eine mitreißende Version von *"Reise nach Jerusalem"* - sehr unangenehm sein. Das kann sogar verletzte Gefühle hervorrufen.

Natürlich kann man nicht erwarten, dass Sie für alle Eventualitäten vorplanen. Sie werden zum Beispiel nicht wissen, dass einer der Gäste als Kind ein sehr traumatisches Piñata-Erlebnis hatte und deshalb schreiend aus dem Raum rennt, wenn sie eine der Piñatas durch die Luft fliegen sieht. Was sollten Sie also tun, wenn Sie nicht alles wissen können, was es zu wissen gibt?

Ganz einfach: bieten Sie einfach ein paar **Optionen** an. Halten Sie ein paar Ersatzspiele bereit, nur für den Fall, dass Sie feststellen, dass die Leute sich bei der Auswahl unwohl fühlen. Das hört sich nach einer Kleinigkeit an, aber es kann wirklich den Unterschied ausmachen, ob man sich die *Unannehmlichkeiten* vom Leib halten kann oder ob die Babyparty dadurch ins Wasser fällt.

Dinge, die man NIEMALS tun sollte: Bitten Sie niemanden, im Stehen zu essen

Manche Menschen essen gerne im Stehen, vor allem Kinder, die immer auf dem Sprung zu sein scheinen und sofort die nächste Sache erledigen wollen. Einige von ihnen essen sogar, *während* sie etwas anderes tun, z. B. gehen oder telefonieren.

Man kann jedoch davon ausgehen, dass die Gäste Ihrer Babyparty nicht so *hektisch* sein werden. Sie werden sich wahrscheinlich in aller Ruhe hinsetzen und essen wollen. Deshalb müssen Sie dafür sorgen, dass sie einen Sitzplatz und einen Platz zum Essen haben.

Dies ist ein Fehler, das viele wohlmeinende Organisatoren von Babypartys begehen. Die Sache ist die, dass es manchmal sehr schwer ist, sich vorzustellen, wie viel Platz für Tische und Stühle notwendig ist. Ein Raum kann sehr geräumig aussehen, aber wenn man ihn mit 15 oder mehr Personen füllt, kann es sehr eng werden.

Auch hier liegt die Lösung im Wort "*Plan*". Schauen Sie sich den Raum, in dem die Babyparty stattfinden wird, genau an. Zählen Sie buchstäblich die Anzahl der Sitzplätze und die Anzahl der Tischplätze. Wenn *beides* nicht ausreicht, um die

Anzahl der Anwesenden bequem zu bedienen, dann müssen Sie etwas unternehmen.

Eine schnelle und einfache Lösung wäre die Anmietung von klappbaren Tischen und Stühlen, die herausgeholt und nach dem Essen wieder weggeräumt werden können. Wenn das Wetter schön ist, können Sie *vielleicht auch* draußen essen. In diesem Fall sollten Sie jedoch bedenken, dass einige Gäste vielleicht trotzdem drinnen essen möchten (Sonne, Wespen, Wind etc.). Außerdem sollten Sie immer bedenken, dass Wettervorhersagen nur Vorhersagen sind. Überschätzen Sie nicht die Genauigkeit einer sonnigen Vorhersage; wir alle sind schon einmal am Tag des großen Picknicks von einem Gewitter überrascht worden.

Denken Sie auch daran, dass in der westlichen Kultur (z. B. in D-A-CH-Länder auch einigen Teilen Westeuropas, aber auch in den USA, Kanada, Großbritannien) der persönliche Freiraum im Allgemeinen als *größer* angesehen wird als in anderen Ländern.

Sie können das deutlich sehen, wenn Sie in der U-Bahn in Berlin fahren, im Vergleich zu Tokio. Wenn es möglich ist, lassen die Berliner um jede Person herum einen Freiraum von etwa 50 cm. Dort beginnt nämlich in etwa die Intimzone einer Person. In der Hauptverkehrszeit ist das natürlich nicht möglich, aber ansonsten wird die 50 cm-Regel im Allgemeinen eingehalten.

In Tokio hingegen liegt die Erwartung an den persönlichen Freiraum bei weniger als 50 cm, unabhängig von der Dichte des U-Bahn-Wagens. Die Menschen in Japan fühlen sich einfach wohler mit einem persönlichen Abstand von weniger, während die Menschen in den meisten westlichen Kulturkreisen sich einfach wohler mit einem Abstand von mehr als 50 cm fühlen.

Was bedeutet das für Sie? Es bedeutet, dass Sie sich der persönlichen Platzbedürfnisse Ihrer Gäste *bewusst* sein sollten; denn, wenn Sie das nicht tun, werden sie sich unwohl fühlen. Selbst wenn Sie also glauben, dass Sie genug Platz haben, um 15 Personen zu bewirten, fragen Sie sich: Ist das *wirklich* der Fall? Oder zwingen Sie die Leute buchstäblich dazu, nebeneinander zu sitzen und zu essen, und zwar auf eine Art und Weise, die kulturell unangenehm sein wird?

Es sind kleine Dinge wie diese, die vielleicht wie oberflächliche Details erscheinen, aber in Wirklichkeit machen sie einen *großen* Unterschied, wenn die Babyparty tatsächlich stattfindet. Wenn Sie also wirklich nicht genug Platz haben, sollten Sie sich um mehr Platz bemühen oder zumindest keine Speisen wie Suppen servieren, die einen stabilen Essbereich erfordern (fester Stuhl und fester Tisch).

Wenn Sie absolut nicht genug Platz für alle Gäste finden, wählen Sie Lebensmittel wie trockene Sandwiches, die die Leute im Stehen essen können, oder setzen Sie sich auf eine Treppe. Ich habe absichtlich „trockene" Sandwiches geschrieben, weil damit keine Probleme mit auslaufenden Saucen oder ähnlichem beim Abbeißen verbunden sind.

Natürlich ist es ideal, wenn *alle* sitzen können. Aber wenn das nicht möglich ist, kann die Wahl des Caterings dafür sorgen, dass die Veranstaltung so gut wie möglich wird, wenn man alles berücksichtigt.

Partys für Paare?

Ein sehr erfreulicher Trend in der letzten Generation ist, dass immer mehr Männer an der Geburt beteiligt sind. Viele Männer sind jetzt auch an der Geburt selbst beteiligt, indem sie die Mutter unterstützen und ihr helfen, den Stress zu ertragen. Vor diesem Hintergrund ist es nicht verwunderlich, dass Männer in noch nie dagewesener Zahl an Babypartys teilnehmen.

Die Entscheidung, Männer zur Babyparty einzuladen - und zwar sogar auch Freunde des Vaters - ist natürlich eine Entscheidung, die von beiden werdenden Eltern getroffen wird. Es ist etwas, was der Organisator der Babyparty (also Sie!) gut bedenken sollte, denn es kann Vor- und Nachteile geben, was die Weisheit dieser gemischten Option angeht.

Wenn Sie sich entschließen, Männer einzuladen, *sollten Sie* dies auch auf der Einladung vermerken. Denken Sie auch daran, dass der Sonntag für viele Männer nicht nur in religiöser Hinsicht ein *heiliger Tag ist*. Während der Fußballsaison ist der Sonntag für *viele* Männer ein sehr wichtiger Tag; und zu einer Party zu erscheinen, könnte das Letzte sein, was sie tun möchten.

Denken Sie also daran, und wenn Sie etwas an einem Sonntag tun *müssen*, dann achten Sie darauf, dass es nicht der EM-Final ist!

Wenn Sie nicht genau wissen, wann diese besonderen Momente sind, wenden Sie sich an Ihren Sportfreund vor Ort. Er wird Ihnen sagen können, wann Hoch- und Nebensaison ist!

Denken Sie auch daran, dass einige der weiblichen Elemente einer traditionellen Babyparty - wie z. B. das Tea-Party-Thema - wahrscheinlich weggelassen werden sollten, wenn Sie eine gemischte Veranstaltung organisieren. Suchen Sie sich etwas Unterhaltsames und möglichst Geschlechtsneutrales.

Denken Sie auch daran, dass viele Männer aufgrund ihrer kulturellen Prägung nicht auf die *zierlichen* Seiten des Lebens stehen. Sie werden zwar gerne dabei sein, um ihren Freund (den werdenden Vater) zu unterstützen, aber sie sollten nicht erwarten, dass sie Tränen in den Augen haben, wenn sie darüber sprechen, warum *Betty und ihre Schwestern* das wichtigste Buch in ihrem Leben war.

BONUS: Checkliste "Wenn Sie Männer einladen"

1. **Kommunikation und Einladungen:**

    - Klar kommunizieren, dass Männer eingeladen sind.

    - Die Einladungen sollten neutral formuliert sein, um sowohl Männer als auch Frauen anzusprechen.

2. **Thema und Aktivitäten:**

    - Wählen Sie ein Thema aus, das für Männer ansprechend ist und sie einbezieht, z. B. eine coed BBQ-Party oder eine Sport-themed Shower.

    - Planen Sie Aktivitäten, die für alle Geschlechter geeignet sind, wie lustige Spiele, die sowohl Männer als auch Frauen genießen können.

3. **Geschenke:**

    - Ermutigen Sie Männer, auch Geschenke mitzubringen.

    - Stellen Sie sicher, dass die Geschenke auf der Einladung klar definiert sind und sowohl für das Baby als auch für die Eltern geeignet sind.

4. **Essen und Getränke:**

- Bieten Sie eine Auswahl an Speisen und Getränken an, die für Männer ansprechend sind, wie herzhafte Snacks und alkoholfreie Getränke oder Bier.
- Berücksichtigen Sie möglicherweise auch vegetarische oder vegane Optionen für alle Gäste.

5. **Atmosphäre:**
   - Schaffen Sie eine lockere und einladende Atmosphäre, in der sich Männer wohl fühlen.
   - Vermeiden Sie übermäßig feminine Dekorationen und stellen Sie sicher, dass die Dekorationen für alle Gäste ansprechend sind.

6. **Gemeinsame Interessen:**
   - Planen Sie Aktivitäten oder Spiele, die gemeinsame Interessen ansprechen, wie z. B. Wetten auf das Geschlecht des Babys oder lustige Wettkämpfe.

7. **Entertainment:**
   - Stellen Sie sicher, dass das Unterhaltungsprogramm für alle Gäste interessant ist, z. B. durch das Abspielen von Musik, die für verschiedene Geschmäcker geeignet ist.

8. **Raumgestaltung:**
   - Sorgen Sie für ausreichend Platz und Sitzgelegenheiten, um eine gemütliche Atmosphäre für alle Gäste zu schaffen.

- Berücksichtigen Sie auch die Bedürfnisse von Kindern, falls Familien eingeladen sind.

9. **Danksagungen:**

    - Vergessen Sie nicht, allen Gästen, einschließlich der Männer, für ihre Teilnahme und Geschenke zu danken.

10. **Flexibilität:**

    - Seien Sie offen für verschiedene Interessen und Bedürfnisse der Gäste und passen Sie die Planung entsprechend an.

Durch die Berücksichtigung dieser Punkte können Männer in die Baby Shower Party integriert werden und sich willkommen fühlen.

Schlussworte

Atmen Sie durch und spenden Sie sich selbst eine Runde Applaus. Sie wissen jetzt mehr über die Planung der *perfekten* Babyparty, als die meisten Menschen jemals wissen werden.

Sie wissen jetzt zum Beispiel, wie wichtig es ist, alles zu planen, vom Zeitpunkt der Party über das servierte Essen bis hin zu der Frage, ob genügend Platz vorhanden ist, damit die Gäste bequem sitzen und essen können.

Sie wissen auch über *Themen* und *Spiele Bescheid*, die die Babyparty zu einem unvergesslichen und fröhlichen Ereignis für alle machen können. Und natürlich kennen Sie auch einige der wichtigsten *Regeln, die* den Unterschied ausmachen können, ob eine Babyparty ein Erfolg wird oder in Schwierigkeiten gerät.

Denken Sie daran, wie wir bereits zu Beginn dieses Buches betont haben, dass Ihre Vision bei der Planung der perfekten Babyparty eine flexible Vision sein sollte; es gibt kein garantiertes Rezept, das auf magische Weise zu einem perfekten Erlebnis führt.

Jede Babyparty hat ihre eigenen, einzigartigen Aspekte, und es gibt keine Möglichkeit, vorherzusagen, was passieren wird.

Wenn Sie jedoch die bewährten, einfachen und klaren Ratschläge in diesem Buch befolgen, sind Sie der Meute *weit* voraus und können wirklich durchstarten.

> ➤ Während andere nicht verstehen, warum es ein Fehler war, *Tabu* zu spielen, werden die Gäste der Babyparty, die Sie organisiert haben, dieses Problem nicht haben.

> ➤ Während andere versuchen, ihre Gäste zu zwingen, eine heiße Suppe zu essen, ohne einen Tisch zum Abstellen zu haben, werden Ihre Gäste Sandwiches genießen, die *sich gut transportieren lassen.*

➢ Während andere ihre Gäste langweilen, werden Ihre Gäste lachen und sich amüsieren - dank der Themen und Spiele, die Sie bereitgestellt haben.

➢ Während andere eine Babyparty veranstalten, der es an Charakter und Einzigartigkeit fehlt, werden die Leute noch jahrelang von der von Ihnen veranstalteten schwärmen.

➢ Während andere die Kardinalsünde begehen, Männer zu einer Babyparty am EM-Final-Sonntag einzuladen, oder während der wichtigen Champions League-Spiele, werden Ihnen Leute Dankeskarten schicken, weil Sie die Dinge um diesen wichtigen Tag herum geplant haben.

...und die Liste geht weiter und weiter und weiter!

Viel Glück, viel Spaß und denken Sie daran: Bei Babypartys geht es darum, gute Zeiten zu teilen und Spaß zu haben! Behalten Sie dies im Hinterkopf, und es gibt kein Problem und keine Herausforderung, die Sie nicht bewältigen können.

Und vergessen Sie nicht, ein Tagebuch über Ihre Erfahrungen zu führen - sowohl über die positiven als auch über die nicht ganz so positiven. Dies kann sowohl als unbezahlbares

Andenken an Ihre Babyparty-Erfahrung dienen, als auch als sehr nützliches Werkzeug für Sie, wenn Sie zu Ihrer nächsten Babyparty gehen; oder jemandem helfen, *seine* perfekte Veranstaltung zu planen!

Anne Herzfeld

Während ihres beruflichen Werdegangs wurde Anne Herzfeld Mutter von zwei wundervollen Kindern und fand eine neue Leidenschaft: die Organisation von Baby-Partys. Inspiriert von ihrer eigenen Erfahrung als Mutter und den zahlreichen Baby-Partys, die sie für Freunde und Familie organisiert hatte, beschloss sie, ihr Wissen und ihre Kreativität zu nutzen, um anderen dabei zu helfen, unvergessliche Baby-Partys zu gestalten.

Ihr erstes Buch "Baby Shower - Wie schmeiße ich eine Baby-Party" entstand aus ihrer Liebe zum Detail und ihrer Begeisterung für das Feiern des neuen Lebens. Anne Herzfeld teilt darin nicht nur praktische Tipps und kreative Ideen, sondern auch persönliche Erfahrungen und Geschichten aus ihrem Leben als Mutter und Veranstaltungsplanerin.

Heute lebt Anne Herzfeld mit ihrer Familie in einem idyllischen Vorort Süddeutschlands, wo sie weiterhin Bücher schreibt und ihre Leidenschaft für Veranstaltungsplanung lebt.

Creafe Publishing
CREATIVITY ¦ FUN ¦ EXPERTISE

Unser Imprint Creafe Publishing, bei dem Kreativität auf Fachwissen trifft, ist deine Anlaufstelle für eine fesselnde Auswahl an Büchern. Unsere umfangreiche Kollektion bietet eine harmonische Mischung aus Sachbüchern und spannender Belletristik. Wir sind der Meinung, dass Lernen ein unterhaltsames Abenteuer sein sollte, und unser Engagement für "Kreativität ¦ Spaß ¦ Fachwissen" zeigt sich auf jeder Seite, die wir produzieren. Durchstöbere unseren Katalog und entdecke Wissen und Unterhaltung wie nie zuvor. Mit Creafe Publishing wird deine Lesereise garantiert zu einem angenehmen und aufschlussreichen Erlebnis.

www.ingramcontent.com/pod-product-compliance
Lightning Source LLC
LaVergne TN
LVHW050843080526
838202LV00009B/320